Guiné Bissau

Guiné Bissau

GUINÉ BISSAU

RELAÇÕES ECONÔMICAS INTERNACIONAIS

Altair Maia

Guiné Bissau

GUINÉ BISSAU

RELAÇÕES ECONÔMICAS INTERNACIONAIS

Com apresentação de
Nelson Ca, Nicandro Gomes e Nelson Dju,
coordenadores do grupo
A Guiné Bissau e o Futuro

Altair Maia

Guiné Bissau
Relações Econômicas Internacionais

Copyright@ by Altair Maia

Grafia atualizada segundo as regras do Acordo Ortográfico da Língua Portuguesa

Todos os direitos reservados

A cópia não autorizada desta publicação, no todo ou em parte, constitui violação de direitos autorais (lei 9.610/98)

ISBN: 9798333286277
Guiné-Bissau – Relações Econômicas Internacionais
Independently published

1. Comércio Exterior
2. África
3. Guiné Bissau

    I.   Título: Guiné Bissau
          Relações Econômicas Internacionais

Guiné Bissau

Sumário.

Apresentação
Prefácio / Introdução

Capítulo 01
As Importações e Exportações da Guiné Bissau

Capítulo 02
A Balança Comercial da Guiné

Capítulo 03
A balança do setor Serviços

Capítulo 04
O Saldo em Conta Corrente (Bens e Serviços)

Capítulo 05
Os principais parceiros comerciais da Guiné-Bissau

Capítulo 06
A balança comercial com os principais parceiros.

Capítulo 07
O bloco CEDEAO / ECOWAS

Capítulo 08
Os PALOP's e a CPLP.

Capítulo 09
Oportunidades e Parcerias - O Porto de Pidjiguite

Capítulo 10
Conclusões

O autor

Guiné Bissau

*Este livro é dedicado aos meus amigos na África,
especialmente aos meus amigos da Guiné Bissau.*

Guiné Bissau

Apresentação

Coordenadores do Grupo
A Guiné Bissau e o Futuro

Nós, coordenadores do grupo *A Guiné Bissau e o Futuro*, gostaríamos de apresentar à comunidade Guineense que se preocupa com os destinos de nossa nação, o livro **Guiné Bissau – Relações Econômicas Internacionais**.

Esta obra visa a busca por alternativas econômicas externas para nosso país, mas "de olhos bem abertos" nos aspectos políticos internos que norteiam a vida nacional.

Este é um livro **fundamental** para nossa **juventude universitária**, pois é o reflexo externo das nossas ações políticas.

Política e economia são duas variáveis inseparáveis e intrinsecamente ligadas.

Neste pequeno livro o autor procura demonstrar **ser viável e factível um maior desenvolvimento industrial e comercial da Guiné,** bem como maior interação comercial com os países da Costa Oeste africana (ECOWAS), e com os demais países da África e do mundo.

Esperamos que os conceitos aqui exarados possam servir para o desenvolvimentos de uma **Política de Comércio Exterior** da Guiné, na busca de sua inserção na comunidade internacional, disputando em igualdade de condições com outras nações pelo mundo afora.

Esperamos, também, que as relações da Guiné com o restante do mundo possam evoluir de forma justa e equânime e que consigamos expandir nossa pauta de produtos exportáveis e nossa base de parceiros comerciais, gerando maior desenvolvimento e bem estar social.

O déficit em Conta Corrente da Guiné Bissau ultrapassou US$ 400 milhões de dólares em 2023, fato extremamente preocupante.

Urge buscarmos novos caminhos, novas alternativas e novo "modus operandi" na condução de nosso país.

Nelson Cá
Nicandro F. Gomes Ie
Nelson Dju

Prefácio

Negócios e trocas comerciais entre povos e nações de todo o mundo são realizados desde que o mundo é mundo. Às vezes são negócios entre povos amigos; outras vezes nem tanto.

Para que negócios ocorram, basta que haja o princípio de que seja **lucrativo para ambos os lados**. Esta é a premissa básica: os dois lados devem sair ganhando. Ou, pelo menos um deles.

Nas relações comerciais da África com o resto do mundo, especialmente com a Europa, um lado tem muito mais lucro que o outro. E esse lado que ganha, que tem lucro sempre, garanto que **não é a África**.

As relações internacionais da Guiné Bissau seguem os passos do Continente Africano e foram, sempre, em maior ou menor grau, com o antigo colonizador, Portugal.

O comércio internacional da Guiné com a Europa, teve início pouco depois da "descoberta" dessas terras, pelo navegador português, Nuno Tristão, em 1446.

Escravos, ouro, marfim e especiarias da terra, eram os produtos demandados pelos portugueses, que reinavam soberanos em toda a região.

Mas, mesmo **antes dos portugueses**, os povos da região de Bissau, que eram parte do Império do Mali, mantinham comércio com diversas outras regiões da Costa Oeste africana.

Essa tradição comercial de produtos agrícolas ou extrativistas, ficou adstrita a esses produtos desde aqueles tempos que longe se vão, até os dias de hoje.

Por todo o período colonial, e mesmo após a independência, a Guiné não conseguiu desenvolver uma base industrial que lhe permitisse atender o mercado interno e **diversificar sua pauta** de produção para trocas internacionais.

A independência após a guerra travada com Portugal na década de 70 do século passado, e liderada por Amílcar Cabral, não trouxe paz a Guiné e, muito menos, o tão sonhado progresso e o desenvolvimento econômico. Pelo contrário. Boa parte da infraestrutura foi destruída pela guerra, tanto pela guerra contra Portugal, quanto pelas guerras internas.

As guerras internas, os golpes de Estado que se seguiram à independência, a instabilidade política e **políticas econômicas inadequadas** travaram o desenvolvimento da Guiné e provocaram seu isolamento da comunidade internacional. O resultado disso tudo foi um crescente endividamento externo e atraso na corrida industrial.

É chegado o momento de a Guiné manter o seu registro histórico, esquecer o lado ruim do passado, capitalizar as coisas boas e se conectar com o mundo.

Um país não pode e nem deve viver isolado. Ninguém é uma ilha. Nem mesmo as próprias ilhas.

Os tempos mudaram. As oportunidades surgem e passam. É chegada a hora de abrir os braços, "abraçar" o mundo, e **formar novas parcerias**.

"**Parceria**". Esta é a palavra que move o mundo e as sociedades modernas. A ideia não é vender ou comprar. A ideia é formar parcerias comerciais, onde todos os lados possam ganhar e promover o progresso em ambos os lados.

A África não pode continuar sendo a fonte de **matéria prima bruta**, que vai gerar emprego e desenvolvimento em outras partes do mundo, ficando na África apenas os buracos, os problemas e a degradação ambiental.

A matéria prima está na África. Há mão de obra abundante e barata. Metade da população africana está abaixo dos 30 anos, prometendo um grande mercado consumidor.

No caso específico da Guiné Bissau, vamos analisar o Bloco Econômico da CEDEAO, no qual a Guiné está inserida, cuja população ultrapassa os 300 milhões de habitantes.

Não há vento favorável para quem não sabe para onde vai. A Guiné Bissau precisa acertar sua direção.

Nota

As tabelas e dados estatísticos utilizados ao longo deste estudo obedecem a classificação do **Sistema Harmonizado (HS)**.

São disponibilizadas pelo **International Trade Center (ITC)**.

Sempre que possível, o período analisado será de três anos, de 2021 a 2023 (último ano disponível).

Guiné Bissau

Capítulo I
As Importações e Exportações da Guiné Bissau

Exportar é o que Importa

Guiné Bissau

As importações da Guiné Bissau
2021 - 2023

As importações da Guiné Bissau atingiram US$ 399 milhões em 2023. Porém, seu mais elevado nível de importações, de todos os tempos, foi no ano anterior, com US$ 422 milhões em 2022.

Se bem que as importações da Guiné venham crescendo ao longo do tempo, 2023 foi o pior ano da série em consideração 2021 / 2023, tendo sido US$ 410 milhões em 2021, o pico de US$ 422 milhões em 2022, e apenas US$ 399 milhões em 2023.

Apesar do crescimento registrado pelo mercado de castanha de caju em todo o mundo, principal produto de exportação da Guiné Bissau, problemas internos não permitiram melhor aproveitamento desse bom "momento de mercado", e as exportações da Guiné foram pífias.

Boa parte do consumo interno da Guiné Bissau é atendida por produtos importados, cuja pauta abrange uma grande variedade de produtos.

Na tabela a seguir verificamos os principais produtos importados pela Guiné Bissau. O somatório dos valores dos sete primeiros produtos atingiu US$ 266 milhões de dólares em 2023, o que representa 66.6% do total das importações da Guiné Bissau, naquele ano.

Principais produtos importados pela Guiné-Bissau

US$ mil dólares

Código	Produtos	Valor importado		
		2021	2022	2023
	Todos os produtos	410.871	422.919	399.806
27	Combustíveis minerais, óleos minerais	53.611 13%	72.858 17%	123.163 30%
10	Cereis	35.303	17.672	45.468
22	Bebidas, líquidos alcoólicos, vinagres e águas	32.504	36.596	33.093
Somatório dos três primeiros produtos (50,4% do total)				201.724
84	Reatores nucleares, caldeiras, máquinas e artefatos mecânicos.	16.670	12.321	23.748
85	Máquinas, aparelhos e material eléctrico	22.494	18.452	18.807
73	Manufaturas de fundição de ferro e aço	5.671	12.723	12.298
87	Veículos automóveis, tratores, partes e peças	13.493	14.975	10.145
Somatório dos sete primeiros produtos (66,6% do total)				266.722

Fonte: ITC – Dados compilados pelo autor

O principal produto importado pela Guiné Bissau são os derivados de petróleo (Capítulo 27 do HS), principalmente o Óleo Diesel, para alimentar os geradores de energia elétrica. Em 2023 esse produto atingiu 30% do total das importações da Guiné, num crescimento atípico pois normalmente a importação desse produto fica a volta de 20% das importações totais.

As importações de cereais, no ano de 2023, somaram US$ 45 milhões de dólares. Dentre os Cereais a importação de arroz predomina absoluto, com mais de 90% do item.

As importações de bebidas, alcoólicas ou não, atingiram US$ 33 milhões, sendo que cervejas, vinhos e águas respondem por 90% do total importado.

Guiné Bissau

As exportações da Guiné Bissau
2021 - 2023

O comércio exterior da Guiné Bissau, tanto nas importações quanto nas exportações, é bastante concentrado.

Se pelo lado das importações os três primeiros produtos somam mais da metade do total importado, pelo lado das exportações é mais concentrado ainda, com apenas um produto respondendo por mais de 90% do total das exportações, em alguns anos.

Esse produto é a castanha de caju, que é exportada quase totalmente para países asiáticos.

A brusca queda na campanha (safra), de 2023 comprometeu seriamente as exportações do país, que caíram de US$ 225 milhões em 2022 para US$ 100 milhões em 2023, o mais baixo nível dos últimos 12 anos. Nesse ano as exportações do caju caíram de US$ 206 milhões para US$ 68 milhões.

As exportações da Guiné Bissau estão concentradas em dois ou três produtos, sendo que um deles, a castanha de caju, responde pela quase totalidade das exportações.

O cajueiro, na Guiné Bissau, é nativo, havendo poucas plantações "cultivadas". O processo de coleta é livre, havendo famílias que se instalam ao longo das estradas e entram pelas matas de caju, coletando os frutos. Ao final da tarde passam caminhões realizando a compra das castanhas, e pagando em dinheiro sonante.

Esse processo de "coleta e venda" na beirada da estrada "irriga" monetariamente o interior do país.

No processo de coleta apenas a castanha interessa, sendo a polpa descartada ali mesmo, no momento da coleta.

O nível de industrialização, tanto da castanha quanto da polpa, é muito baixo, havendo poucas fábricas, que processam menos de 1% (um por cento) da produção de castanha.

A polpa é totalmente descartada. Com raras exceções produz-se algum suco ou até mesmo vinho artesanalmente.

A castanha, quando adquirida na beirada da estrada, é transportada até o porto e estocada em grandes galpões a espera do momento do embarque.

Às vezes, dependendo dos termos da negociação, recebe algum tratamento antes de ser embarcada. O tratamento pode ser a limpeza de folhas, insetos, galhos e gravetos, até a aplicação de algum fungicida, para evitar a proliferação de bactérias durante o transporte.

O transporte é realizado a granel, nos porões dos navios. Mas a maior parte é transportada em contêineres, dependendo do destino e dos termos em que foi negociado.

A produção de castanha vem crescendo acentuadamente na Guiné. Na última campanha (safra) apresentou uma produção acima de 200 mil toneladas. Porém o "trato" ou processo de exportação desse produto traz pouco benefício para o país.

A exportação do produto "in natura" inibe a agregação de valor. Entre o preço do produto "in natura" e seu valor na gondola do supermercado, há um multiplicador de quatro vezes ou mais, do valor inicial.

Por outro lado, concentrar as exportações do país em um único produto é algo temerário e arriscado. *"Não se coloca todos os ovos na mesma cesta"*, diz a sabedoria popular.

Quando os mercados de destino também se resumem a um, dois ou três países compradores, além de temerário e arriscado é, também, perigoso. *Quando os compradores dão um "espirro" o país vendedor pega um resfriado ou até uma pneumonia.*

A concentração de produtos na exportação é tamanha, que os três primeiros produtos atingem mais de 90% do total das exportações.

Na tabela a seguir vemos as principais exportações da Guiné Bissau no período 2021/2023.

Principais produtos exportados pela Guiné-Bissau

US$ mil dólares

Código	Produtos	Valores exportados		
		2021	2022	2023
	Todos os produtos	207.766	225.667	100.150
08	Frutas e frutos comestíveis; (cítricos),	146.727 70,6%	206.537 91,5%	68.510 68,4%
03	Pescados e crustáceos, moluscos e outros	31.972 15,4%	16.212 7,2%	14.860 14,8%
15	Óleos e gorduras animais e vegetais	669 0,32%	1.225 0,5%	13.653 13,6%
Participação dos três principais produtos, nas exportações				96,8%

Fonte: ITC – Dados compilados pelo autor

As exportações da Guiné Bissau, no período em consideração, 2021 a 2023, sofreram acentuada queda, saindo de US$ 207 milhões em 2021 para menos da metade em 2023, atingindo apenas US$ 100 milhões. No ano intermediário, 2022, as exportações atingiram US$ 225 milhões de dólares.

Há que se notar que no ano de 2022, melhor ano das exportações da Guiné, as exportações de caju tiveram uma participação expressiva, atingindo 91% do total exportado.

A principal causa para esta drástica redução foi a queda nas exportações da castanha de caju, que caíram de US$ 206 milhões em 2022 para apenas US$ 68 milhões em 2023.

A castanha de caju é um produto de demanda crescente em todo o mundo e a previsão é que assim continue por longo tempo.

Porém as exportações do produto são realizadas "in natura", fato que desperdiça a grande oportunidade de um produto com alto valor agregado. Além disso os importadores se resumem a dois ou três países, colocando em risco a estabilidade no comércio exterior e do mercado interno, da Guiné.

Com a queda nas exportações da castanha de caju, que sempre teve papel preponderante nas exportações, dois outros produtos assumiram o segundo e terceiro lugar, com participações mais expressivas.

Os pescados, com exportações no valor de US$ 14,8 milhões representaram 14% do total exportado no ano de 2023, e gorduras e óleos, animais e vegetais, que chegaram a US$ 13 milhões, representando 13% do total exportado em 2023.

Capítulo 02
A Balança Comercial da Guiné-Bissau

A balança comercial é uma importante ferramenta para avaliar a competitividade de um país no mercado global, e pode influenciar diretamente a política econômica e comercial de uma nação.

Guiné Bissau

A Balança Comercial da Guiné tem apresentado **constantes e crescentes** saldos deficitários.

A concentração do "**esforço exportador**" em poucos produtos e poucos mercados compradores, **mesmo quando superavitário**, representa uma situação difícil para o para o país.

Na tabela abaixo vemos a evolução da Balança Comercial da Guiné, apresentando défict ano a ano, cada vez maior. Nesta tabela são apresentados apenas os três últimos anos, porém essa situação deficitária da Guiné se arrasta há muitos anos.

Balança Comercial da Guiné-Bissau

US$ mil dólares

Conta	Valor Importado / Exportado		
	2021	2022	2023
Importações totais	410.871	422.919	399.806
Exportações totais	207.766	225.667	100.150
Saldo Balança Comercial	-203.105	-197.252	-299.656

Fonte:ITC – Trademap – Dados compilados pelo autor

A relação entre exportações e importações determina a capacidade do país em pagar as importações com o valor das exportações.

A Guiné vinha mantendo essa relação ao redor dos 50%. Ou seja; as exportações eram suficientes para pagar apenas a metade do valor das importações.

Em 2021 as exportações cobriam 50,5% do valor total das importações. Em 2022 esse índice melhorou um pouco com as exportações cobrindo 53,3% do valor total das importações.

Porém, em 2023, esse índice caiu para 25,0%. Ou seja as exportações eram suficientes para pagar apenas 25% do total do valor das importações. O maior déficit comercial, até então.

Mercados mudam. Compradores e vendedores "mudam de humor". A oferta e a demanda são variáveis "vivas", principalmente no setor de comodities.

A castanha de caju, embora com demanda crescente em todo o mundo, atrai novos produtores com novas técnicas de produção e novas técnicas de processamento, aumentando a concorrência em toda a cadeia do Caju.

Há vinte ou trinta anos os maiores ofertantes de castanha de caju no mundo eram somente dois.

Com a crescente demanda pela castanha de caju em todo o mundo, surgiram diversos países ofertando castanha, processando a amêndoa etc.

Toda a riqueza advém da terra. Mas, para isso, precisamos tratá-la com carinho e saber dela o que tirar. Extrair mais do que ela pode nos dar é comprometer o próprio futuro.

Há de se repensar o setor agrícola da Guiné. Faz-se mister o desenvolvimento de novas técnicas, novas culturas e novos mercados.

Guiné Bissau

Guiné Bissau

Capítulo 03
A balança do Setor Serviços

Uma balança de serviços positiva indica que um país está se destacando na prestação de serviços e agregando valor à sua economia. Já, o contrário...

Guiné Bissau

A balança de serviços é uma das contas da contabilidade externa de um país. Nela são registradas todas as transações pelo pagamento de serviços entre residentes e não residentes.

Os principais itens da conta Serviços, são: Turismo; Transporte; Seguros Internacionais; Serviços financeiros; Serviços Bancários; Serviços de manutenção e reparos; etc.

Da mesma forma como acontece na importação e exportação de mercadorias, um déficit na conta de Serviços pode ter graves implicações na saúde da economia do país.

Quando um déficit na Balança de Serviços é compensado por um superavit na Balança Comercial (ou ao contrário), ainda se mantém determinado equilíbrio. Porém, quando acumula uma situação deficitária nas duas contas, por um longo período, algo anda errado. Muito errado.

Faz-se necessário uma análise das relações internacionais do país, e uma mudança de rumo na busca de um equilíbrio nas contas externas.

Não é função do governo importar ou exportar Produtos ou Serviços, mas o governo pode e deve conduzir o esforço empresarial no sentido de equilibrar as contas externas.

Nas tabelas a seguir podemos verificar a Balança de Serviços, em tabelas separadas, bem como o saldo da Balança no período 2020 a 2022.

Total dos Serviços importados pela Guiné Bissau

US$ mil dólares

Serviços	Valores importados		
	2020	2021	2022
Todos os Serviços	-132.106	-168.288	-157.401

Fonte: ITC - Dados compilados pelo autor

Os pagamentos pelos Serviços prestados à Guiné Bissau atingiram US$ 157 milhões de dólares no ano de 2022. Nos anos anteriores, 2020 e 2021, os valores foram de US$ 132 e US$ 168 milhões de dólares, respectivamente. Valores bastante expressivos, se considerarmos a situação das contas externas do país.

Os gastos com Serviços de viagens, transporte e telecomunicações, foram os que mais pesaram na balança, atingindo mais de 80% dos dispêndios totais na importação de Serviços.

Relativamente a receita com a exportação de Serviços, a tabela abaixo mostra os valores para o período 2020 a 2022.

Total dos Serviços exportados pela Guiné Bissau

US$ mil dólares

Serviços	Valores exportados		
	2020	2021	2022
Todos os serviços	18.738	35.038	33.129

Fonte: ITC – Trademap - Dados compilados pelo autor

As receitas, na Balança de Serviços, atingiram US$ 33 milhões de dólares no ano de 2022. Nos anos de 2020 e 2021, as receitas foram de US$ 18 e US$ 35 milhões, respectivamente.

Os serviços que mais contribuíram para esta receita foram Viagens, Telecomunicações e Serviços financeiros, que participaram com mais de 90% do total arrecadado na conta de Serviços.

Na tabela abaixo temos o consolidado da Balança de Serviços, para os anos em referência.

Balança de Serviços da Guiné Bissau
US$ mil dólares

Serviços	2020	2021	2022
Serviços Importados	- 132.106	- 168.288	- 157.401
Serviços Exportados	18.738	35.038	33.129
Todos os serviços	-113.368	-133.250	-124.272

Fonte: ITC – Trademap - Dados compilados pelo autor

A Balança de Serviços da Guiné Bissau tem se apresentado deficitária, em todos os tópicos, ao longo do tempo.

Como consequência, a conta consolidada de Serviços apresenta-se deficitária e crescente, ano após ano. Há de se buscar formas de aumentar a receita com Serviços, buscando seu equilíbrio ou, pelo menos, minorar seus efeitos.

Capítulo 04
O saldo em Conta Corrente

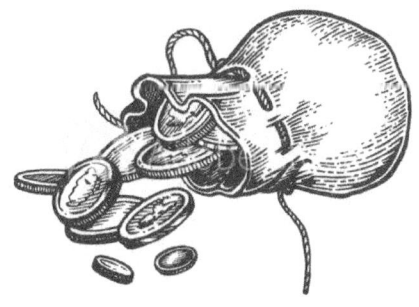

Um desequilíbrio persistente nas balanças de bens e de serviços pode resultar em graves problemas como inflação, desemprego, instabilidade econômica e, em situações extremas, convulsão social.

Guiné Bissau

O Balanço de Pagamentos (ou Balança das Relações Comerciais de um país) é o registro contábil de todas as transações financeiras realizadas entre residentes de um determinado país e residentes de outros países em um determinado período de tempo geralmente um ano.

O balanço de pagamentos é composto por três contas principais:

1. **Conta Corrente**: registra todas as transações de **Bens** e **Serviços**.

2. Conta de Capital: registra as transações de capital, como investimentos estrangeiros diretos e empréstimos.

3. Conta Financeira: registra as transações financeiras, como a compra e venda de ativos financeiros estrangeiros.

O Balanço de Pagamentos é um instrumento importante, pois fornece informações sobre a saúde financeira de um país, seu nível de endividamento internacional, seu grau de abertura para o comércio exterior, sua capacidade de atrair investimentos estrangeiros e sua capacidade de honrar pagamentos externos.

Para nossos estudos vamos nos ater a primeira conta, a **Conta Corrente,** que se divide em duas outras contas, a de **Bens**, que registra a importação e exportação de mercadorias, e a de **Serviços**, que registra Receitas e Despesas com Serviços.

A diferença entre as importações e exportações de mercadorias constitui a Balança Comercial, propriamente dita, enquanto que a diferença entre a Receita e Despesa com serviços constitui a Balança de Serviços.

O somatório dos saldos (da Balança Comercial e de Serviços) constitui o Balanço da **Conta Corrente** do País.

Na tabela abaixo podemos verificar o Saldo Comercial da Guiné Bissau nos últimos cinco anos. Esse saldo tem sido, sistematicamente, deficitário, ou seja: a Guiné tem importado muito mais do que exporta.

O déficit na Balança Comercial vem aumentando paulatinamente, ano após ano. Em 2023 a Guiné registrou seu maior déficit que atingiu a soma de US$ 299 milhões de dólares, com importações de US$ 399 milhões e exportações de US$ 100 milhões.

Balança Comercial da Guiné Bissau

US$ mil dólares

produtos	Valor do Saldo comercial Exportações (-) Importações				
	2019	2020	2021	2022	2023
Todos os produtos	-81.596	-149.913	-203.105	-197.252	-299.656

Fonte: ITC - Trademap – Dados compilados pelo autor

A Balança de Serviços tem acompanhado a Balança Comercial, se mostrando deficitária ao longo do tempo. Ou seja: a Guiné Bissau gasta mais do que recebe em Serviços, da mesma forma que gasta mais importando do que recebe pelas exportações de seus produtos.

Balança de Serviços da Guiné Bissau

US$ mil dólares

Serviços	Valor do Saldo da Balança de Serviços				
	2019	2020	2021	2022	2023
Todos serviços	-123.971	-113.368	-133.250	-124.272	

Fonte: ITC – Trademap – Dados compilados pelo autor

Na tabela acima podemos verificar que o déficit da Balança de Serviços permanece, sempre, acima dos US$ 100 milhões de dólares *(Não dispomos dos dados de 2023).*

A **Conta Corrente** da Guiné Bissau (somatório das Contas de Bens e Serviços) vem acumulando déficits ao longos dos últimos anos, tornando-se um déficit crônico de difícil solução, tendo em vista a baixa capacidade da Guiné de gerar excedente de exportação nos produtos que tem habilidade para exportar.

Saldo da Conta Corrente da Guiné Bissau

US$ milhão de dólares

Produtos e Serviços	Valor do Saldo da Conta Corrente				
	2019	2020	2021	2022	2023
Todos os produtos	-81.5	-149.9	-203.1	-197.2	-299.656
Todos os serviços	-123.9	-113.3	-133.2	-124.2	
Saldo Conta Corrente	-205.5	-263.2	-336.3	-321.5	?

Fonte: ITC – Dados compilados pelo autor

O Saldo em Conta Corrente, negativo e crescente, constitui uma situação delicada para o país, pois exaure sua capacidade de pagamento dos compromissos externos o que, geralmente, levanta suspeitas sobre a saúde da economia do país.

Para o ano de 2022 o somatório dos déficits de produtos e serviços, atingiu US$ 321.5 milhões de dólares, um pouco menor que o ano anterior, que atingiu US$ 336,3 milhões.

Não dispomos dos dados relativos ao ano de 2023 para a Balança de Serviços. Mas, considerando ter sido um ano bastante difícil para as contas externas da Guiné Bissau, podemos presumir que o **déficit total** em Conta Corrente se aproxima, perigosamente, do **meio bilhão** de dólares ao ano.

Tanto a Balança Comercial, quanto a Balança de Serviços, são dois indicadores muito importante sobre a "saúde" da economia do país.

Obviamente que uma Balança Comercial superavitária é melhor do que deficitária. Porém uma balança equilibrada, tanto na conta de Serviços quanto na conta de mercadoria é uma situação que permite melhor planejamento econômico "sem sustos" no que se refere a questão cambial.

As contas externas negativas, por longo período, podem ter efeitos desastrosos sobre a economia, conforme podemos verificar abaixo:

1. Redução das reservas internacionais: Um déficit no balanço de pagamentos pode levar a uma redução das reservas internacionais do país, afetando a capacidade do governo, dentre outras coisas, de intervir no mercado cambial, para manter a estabilidade financeira.

2. Desvalorização da moeda: Um balanço de pagamentos negativo pode levar a uma pressão de desvalorização da moeda local (em alguns países a moeda perdeu totalmente seu valor), aumentando os custos de importação e desencadeando um processo inflacionário.

3. Aumento da dívida externa: De alguma forma os débitos externos têm que ser honrados e, para financiar o déficit nas contas externas, o país tem de recorrer a empréstimos externos, aumentando sua dívida e comprometendo a capacidade do país de pagar suas obrigações futuras. Quanto pior a situação do país, mais elevados são os juros para ele, no mercado internacional.

4. Redução do investimento estrangeiro: Um balanço de pagamentos negativo por um longo período, pode afetar a confiança dos investidores estrangeiros, levando a uma redução do investimento direto e indireto.

5. Restrições no comércio internacional: Na busca desesperada para equilibrar o balanço de pagamentos, o país pode impor políticas restritivas ao comércio internacional (geralmente inadequadas), como tarifas e quotas, gerando a possibilidade de retaliações por parte dos países que se sentirem afetados por essas restrições.

Um Balanço de Pagamentos negativo por longo período afeta, principalmente, a estabilidade financeira, a taxa de câmbio, a dívida externa e o comércio internacional. Por isso, é importante que os países tomem medidas para corrigir desequilíbrios e promover políticas econômicas sustentáveis e equilibradas.

Um superávit na balança de pagamentos significa que o país exporta mais do que importa. Isso indica que o país está competitivo no comércio internacional, e que está acumulando reservas cambiais, que podem ser usadas para estabilizar a taxa de câmbio ou para atenuar possíveis crises financeiras.

Da mesma forma, um déficit na balança de pagamentos pode indicar que o país está importando mais do que exportando, o que pode levar a um aumento da dívida externa ou redução das reservas cambiais, o que pode pressionar a taxa de câmbio.

Buscar o equilíbrio das contas externas é crucial para o desenvolvimento econômico do país e requer atenção constante, com políticas que possam corrigir as distorções e tornar competitivos os produtos nacionais, no mercado internacional.

Guiné Bissau

Capítulo 05
Principais parceiros da Guiné Bissau.

*O comércio exterior é uma via de mão dupla.
O fluxo deve ser equilibrado para não "desgastar"
mais um lado do que o outro.*

Guiné Bissau

A teoria econômica é enfática ao afirmar que o comércio exterior é um dos pilares do desenvolvimento econômico de qualquer país.

Fato é que, independentemente da aptidão dessa ou daquela empresa, para exportar esse ou aquele produto, o comércio exterior expõe a empresa à concorrência internacional, advindo daí ganhos de qualidade, de gestão, de agregação de valor etc., elevando a interação do país com o restante do mundo.

O maior incentivo que se pode dar a uma empresa é permitir que ela, através da exportação / importação, concorra com seus "concorrentes" a nível mundial.

O contrário também é verdadeiro. Para falir uma empresa basta isolá-la das demais. Um dia seus produtos se tornarão tão caros e obsoletos, que ninguém vai adquiri-los.

Se a "mão invisível" de **Adam Smith,** regula o mercado através da oferta e da demanda; a "mão dupla" do comércio exterior ensina a competir e buscar melhores resultados.

Segundo Adam Smith, autor de **A Riqueza das Nações***, uma "mão invisível" regula todas as ações da sociedade alocando, da melhor forma possível, seus escassos recursos.*

Na tabela a seguir vamos analisar as parcerias comerciais da Guiné: Para quem a Guiné vende. De quem a Guiné compra.

Principais mercados importadores para produtos exportados pela Guiné-Bissau

US$ mil dólares

Importadores	Valores exportados			
	2020	2021	2022	2023
Total	181.813	207.766	225.667	100.150
Índia	128.735	143.886	202.710	64.070
Chile	676	585	654	10.043
Côte d'Ivoire	19.034	15.853	5.684	5.883
Gana		7.233	3.281	4.734
Países Bajos	401	178	2.980	2.799
Türkiye	1.180	4.889	422	2.511
Ecuador	0	0	0	1.666
Corea, República de	2.241	2.555	1.261	1.623
Japón	0	0	0	1.297
Togo	0	3.032	5.413	1.208

Fonte: ITC – Trademap - Dados compilados pelo autor.

Do total das exportações da Guiné Bissau, de US$ 100 milhões de dólares, 64% (US$ 64 milhões), tiveram a Índia como destino. A Índia tem sido o grande parceiro para compra da Castanha de Caju exportada pela Guiné Bissau.

O segundo grande mercado da Guiné Bissau em 2023 foi (surpreendentemente) o Chile, que importou US$ 10 milhões de gorduras e óleos animais e vegetais. O Chile vinha experimentando importar Óleos e Gorduras da Guiné, com importações a volta de meio milhão de dólares. Em 2023 importou US$ 10 milhões do produto.

(Outro país latino americano que surpreendeu foi o Equador que, a exemplo do Chile, importou US$ 1,6 milhão de dólares, de gorduras e óleos vegetais).

Em terceiro e quarto lugares vêm os parceiros africanos, Cote d´Ivory e Gana, com importações de US$ 5,8 e US$ 4,7 milhões de dólares, respectivamente.

Uma análise mais minuciosa dos potenciais produtos de exportação da Guiné Bissau, pode identificar mercados próximos como os países da CEDEAO, ou distantes e novos mercados, como o Chile, Equador. Ou ainda a Turquia, Korea ou Japão, que aparecem como importadores de Pescados, em valores de US$ 2,5 US$ 1,6 e US$ 1,2 milhão, respectivamente.

Na tabela a seguir podemos verificar os principais fornecedores para produtos importados pela Guiné Bissau.

Principais parceiros fornecedores para a Guiné Bissau

US$ mil dólares

Exportadores	Valores importados			
	2020	2021	2022	2023
Total	331.726	410.871	422.919	399.806
Portugal	83.779	108.924	136.751	137.742
China	51.431	88.879	56.516	63.137
Gambia	2.442	1.181	610	59.162
Pakistão	25.191	7.319	3.209	21.082
Países Baixos	19.859	24.508	22.991	18.441
Espahaa	9.974	13.067	13.547	12.608
Bélgica	3.727	8.459	10.272	12.587
Türkia	8.256	9.762	8.845	9.708
Índia	11.721	15.814	8.407	9.394
Brasil	3.459	2.031	2.149	6.462
França	4.338	4.590	5.048	5.120
Tunisia	1.061	400	4.222	5.014

Fonte.: ITC - Trademap – Dados compilados pelo autor

O principal fornecedor para a Guiné Bissau ao longo de todo tempo, tem sido o antigo colonizador, Portugal.

Dos US$ 399 milhões importados pela Guiné Bissau, em 2023, US$ 137 milhões tiveram Portugal como fornecedor, o que equivale a 34,3% do total das importações da Guiné.

Dentre uma miríade de produtos fornecidos por Portugal, dois se destacam: Combustíveis e bebidas, com US$ 67 milhões e US$ 28 milhões de dólares, respectivamente.

Em segundo lugar vem a China, com US$ 63 milhões de dólares. Os principais produtos exportados da China para a Guiné são os Cereais e máquinas elétricas e mecânicas.

A Gâmbia, que ocupa o terceiro lugar dentre os fornecedores para a Guiné, com US$ 59 milhões, ou 14,7% do total das importações da Guiné Bissau, vende basicamente dois produtos: Combustíveis e açúcares, com US$ 53,2 milhões e US$ 4,5 milhões de dólares, respectivamente, em operações de reexportação.

Em quarto lugar vem o Paquistão, com US$ 21 milhões, e logo a seguir os Países Baixos, com US$ 18 milhões de dólares.

Vale destacar que o Brasil se faz presente como fornecedor para a Guiné Bissau, tendo exportado US$ 6,4 milhões de dólares em 2023, de Cereais e miúdos comestíveis.

Guiné Bissau

Capítulo 06
A Balança Comercial com os principais parceiros

O equilíbrio nas contas externas de um país é de extrema importância para a estabilidade econômica, financeira e social.

Guiné Bissau

O equilíbrio nas contas externas significa que o país está sendo capaz de pagar suas importações com as receitas de suas exportações de mercadorias e/ou de serviços.

Um país com as contas externas equilibradas não acumula dívida externa, o que evita a depreciação da moeda, aumento da inflação e crises econômicas internas. Além disso, a estabilização das contas externas são um bom fator para a atração de investimentos estrangeiros, pois gera credibilidade junto aos investidores e organizações internacionais.

A busca desse equilíbrio deve ser no aglomerado total das contas, bem como de cada conta e de cada alíquota dessa conta.

As contas externas da Guiné Bissau apresentam um déficit crônico, tanto no Balanço de Pagamentos como um todo, quanto na conta de Bens e na Conta de Serviços.

Decompondo-se a conta Corrente de Comércio, verifica-se que os maiores vendedores para a Guiné, pouco ou quase nada compram de volta. É o caso de Portugal, China, Gâmbia e Paquistão. Muito vendem para a Guiné, mas nada compram.

Por outro lado, os maiores compradores de produtos exportados pela Guiné Bissau, Índia, Chile, Cote d´Ivoire e Gana, pouco ou quase nada vendem para a Guiné.

Um "país modelo" de equilíbrio nas contas da Guiné Bissau, é a Holanda (Países Baixos), que é o **quinto maior exportador** para a Guiné e o **quinto maior comprador** de produtos exportados pela Guiné.

Mesmo sendo uma "situação ideal", os valores transacionados são bem distintos. As transações comerciais registraram vendas dos Países Baixos para a Guiné no valor de US$ 18,4 milhões de dólares e compras no valor de US$ 2,8 milhões, gerando um déficit de US$ 15,6 milhões de dólares para a Guiné.

Na tabela abaixo vemos a balança comercial de quem **mais vende para a Guiné** e quem **mais compra da Guiné**.

Das exportações totais da Guiné Bissau em 2023, de US$ 100 milhões de dólares, a Índia comprou US$ 64 milhões, mantendo sua posição de maior comprador de produtos exportados pela Guiné Bissau.

Balança comercial com os 5 maiores compradores de produtos exportados pela Guiné Bissau

US$ mil dólares

Parceiros comerciais	Valor do Saldo em 2023	Valores exportado e importados em 2023	
		Exportado	Importado
Saldo total - 2023	-299.656	100.150	399.806
Índia	**54.676**	**64.070**	**9.394**
Chile	10.043	**10.043**	0
Côte d'Ivoire	3.423	**5.883**	2.460
Gana	4.571	**4.734**	163
Países Baixos	-15.642	**2.799**	18.441
Saldo total exportado: 5 maiores compradores	**57.071**	**87.529**	**30.458**

Fonte.: ITC - Trademap – Dados compilados pelo autor

A Índia compra da Guiné apenas a castanha de caju, que é processada em seu território e exportada para todo o mundo.

Já as vendas da Índia para a Guiné Bissau abrangem uma série de itens, com destaque para Cereais, Produtos farmacêuticos, Têxteis e Preparações a base de cereais, que atingiram US$ 9.394 milhões de dólares, em 2023.

O arroz proveniente da Índia, no valor de US$ 2,5 milhões de dólares, em 2023, abastece boa parte da demanda interna, por este cereal.

Principais produtos exportados da Índia para a Guiné Bissau

US$ mil dólares

produto	Índia exporta para Guiné-Bissau		
	2021	2022	2023
Todos os produtos	15.814	8.407	**9.394**
Cereais	5.418	184	**2.563**
Fármacos	3.464	1.919	**2.070**
Artigos têxteis	1.853	2.790	**953**
Cereais preparados	158	319	**514**

Fonte.: ITC Trademap – Dados compilados pelo autor

A Índia mantém a posição como maior importador de produtos da Guiné Bissau, há bastante tempo. Da mesma forma, a Guiné se mantém firme como compradora de produtos da Índia. A balança comercial entre Índia e Guiné gera um superavit de US$ 54,6 milhões, para a Guiné

O Chile, segundo maior comprador de produtos da Guiné Bissau, com US$ 10 milhões de dólares, nada vendeu para a Guiné, gerando um superavit de US$ 10 milhões de dólares, no ano de 2023.

As exportações da Guiné para o Chile foram de gorduras e óleos vegetais e animais. **Um mercado novo**, um **produto novo**.

A Costa do Marfim (Côte d`Ivoire), terceiro maior comprador de produtos da Guiné, comprou US$ 5,8 milhões de dólares da Guiné e vendeu US$ 2,4 milhões de dólares, gerando um superavit de US$ 3,4 milhões de dólares.

Os principais produtos comprado pela Costa do Marfim foram pescados e crustáceos. Os produtos mais vendidos para a Guiné foram Manufaturas; Preparações alimentícias; e Papel e manufaturas de celulose.

Gana, o quarto maior comprador da Guiné-Bissau, comprou US$ 4,7 milhões de dólares e exportou apenas US$ 163 mil dólares, gerando um superavit de US$ 4,7 milhões de dólares para a Guiné.

O quinto maior comprador de produtos da Guiné Bissau são os Países Baixos que compraram US$ 2,8 milhões de dólares mas, em compensação, venderam US$ 18,4 milhões de dólares para a Guiné, gerando um déficit de US$ 15,6 milhões de dólares, em 2023.

Os maiores importadores da Guiné compram bastante e vendem pouco para a Guiné gerando um saldo altamente positivo.

Já os maiores exportadores muito vendem para a Guiné e pouco compram, gerando um déficit bastante expressivo.

Na tabela a seguir veremos o saldo da balança comercial da Guiné com seus principais fornecedores.

Balança comercial com os 5 maiores fornecedores de produtos para a Guiné Bissau

US$ mil dólares

Comércio com todos os Parceiros comerciais	Valor do Saldo em 2023	Valores transacionados em 2023	
		Exportado	Importado
Saldo total - 2023	-299.656	100.150	399.806
Portugal	-137.514	228	**137.742**
China	-63.135	2	**63.137**
Gambia	-59.049	113	**59.162**
Pakistão	-21.071	11	**21.082**
Países Baixos	-15.642	2.799	**18.441**
Saldo total importado: 5 maiores exportadores	**-296.411**	**3.153**	**299.564**

Fonte.: ITC – Dados compilados pelo autor

O saldo da balança comercial da Guiné, para 2023, foi de US$ -299 milhões de dólares (US$ 100 milhões de exportações (-) US$ 399 milhões de importações.

Portugal, o maior fornecedor, vendeu US$ 137 milhões de dólares para a Guiné Bissau, e comprou apenas US$ 228 mil, gerando um déficit de US$ 137 milhões para a Guiné. 45,8% do total do déficit da Guiné, em 2023.

O segundo maior fornecedor, a China, com US$ 63 milhões de dólares, comprou apenas US$ 2 mil dólares, gerando um déficit de US$ 63 milhões de dólares para a Guiné.

O terceiro maior fornecedor para a Guiné Bissau é o vizinho Gâmbia, com US$ 59 milhões de dólares, gerando um déficit de US$ 59 milhões de dólares para a Guiné.

O quarto grande fornecedor para a Guiné é o Paquistão, com exportações de US$ 21 milhões de dólares, gerando um déficit no mesmo valor para a Guiné.

O quinto maior fornecedor para a Guiné é o mesmo quinto comprador de produtos da Guiné; os Países Baixos.

Na tabela abaixo podemos verificar os produtos da Guiné Bissau, importados pelos Países baixos.

Produtos que Países Baixos importam da Guiné

US$ mil dolares

Produtos	Países Baixos importam da Guiné-Bissau		
	2021	2022	2023
Todos os produtos	178	2.980	2.799
Frutas e frutos comestíveis. Frutas cítricas	65	2.233	2.352
Produtos de moagem, malte, amido e milho.	0	0	145
Hortaliças, plantas, raízes e tubérculos alimentícios.	0	43	144
Óleos e gorduras animais e vegetais	0	562	143

Fonte.: ITC -Trademap – Dados compilados pelo autor

Mesmo que em pequeno volume, há que se observar que os Países Baixos compram Produtos de moagem; Plantas, raízes e tubérculos e Óleos vegetais. Sendo uma das "portas para a Europa" vale a pena investir numa pesquisa para se ampliar esse mercado.

Guiné Bissau

Capítulo 07
O bloco CEDEAO / ECOWAS

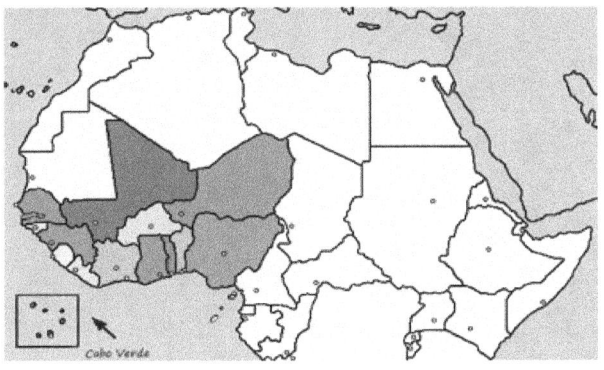

Participar de um bloco econômico, além de promover a integração com os parceiros, pode trazer inúmeras vantagens para o país em suas relações com o restante do mundo, como a facilitação do comércio, do transporte e dos investimentos internacionais.

Guiné Bissau

O bloco da **Comunidade Econômica dos Estados da África Ocidental - CEDEAO** (**ECOWAS**, na sigla em Inglês), foi criado em 1975 e tem por objetivo promover o comércio regional, a cooperação e o desenvolvimento na região da Costa Oeste Africana.

A comunidade é formada por 15 países, ou estados membros: Benin; Burkina Faso; Cabo Verde; Costa do Marfim; Gambia; Gana, Guiné; Guiné Bissau; Libéria; Mali; Níger; Nigéria; Senegal, Serra Leoa e Togo.

Onde há conflito não há crescimento econômico.

Em função de diversos atritos regionais, o tratado da CEDEAO, foi revisto em julho de 1993, de forma a acelerar a integração econômica e aumentar a cooperação na esfera política, incluindo a criação do parlamento oeste-africano, um conselho econômico e social e um tribunal para assegurar a execução das decisões da Comunidade.

Este "novo" tratado dá, formalmente, a CEDEAO a responsabilidade de evitar e resolver conflitos na região, sejam conflitos internos ou regionais.

A recente saída (2023) do Burkina Faso, Mali e Niger do conglomerado, é um duro teste para a Comunidade.

Guiné Bissau

As exportações do bloco CEDEAO

Na tabela seguinte temos as exportações do bloco ECOWAS / CEDEAO.

Em 2023 o bloco exportou US$ 121,5 bilhões de dólares. Esse valor representa 0,52% do total das exportações mundiais, que foram de US$ 23,266,8 bilhões.

A CEDEAO vem crescendo sua participação nas exportações mundiais, saindo de 0,47% em 2021 para 0,51% em 2022 e 0,52% em 2023.

Dentre os principais produtos exportados pela CEDEAO o petróleo bruto, principal produto de exportação da Nigéria, ocupa o primeiro lugar.

O bloco exporta, também, ouro, minerais e produtos agrícolas como cacau, café, algodão e óleo de palma. Exporta, ainda, uma profusão de peixes e frutos do mar.

O maior exportador do bloco é a Nigéria, com quase metade do total exportado: US$ 60,6 bilhões de dólares, representando 49.5% do total exportado pelo bloco, em 2023.

Costa do Marfim e Gana, com US$ 14,8 e US$ 13,8 bilhões de dólares, respectivamente, completam os três grandes exportadores do bloco, com quase 80% do total exportado.

Países exportadores da CEDEAO

US$ mil dólares

Exportadores	Valores exportados			%
	2021	2022	2023	
Mundo	22.158.013.142	24.721.614.976	23.266.804.004	
ECOWAS / CEDEAO	105.932.572 0.47%	127.250.228 0,51%	121.570.140 0,52%	100%
Nigeria	47.570.421	63.338.596	60.650.575	49,5
Côte d'Ivoire	15.356.712	16.395.306	18.356.186	14,8
Gana	14.823.232	17.378.757	16.874.662	13,8
Guinéa	10.228.517	11.428.359	8.950.308	7,3
Burkina Faso	5.062.869	4.548.742	4.469.258	3,6
Senegal	4.486.066	5.725.131	3.322.808	2,7
Libéria	171.669	202.889	2.125.388	1,6
Malí	4.173.796	3.904.608	1.654.421	1,3
Togo	1.069.303	1.351.193	1.455.558	1,1
Serra Leoa	1.051.236	1.375.574	1.448.159	1,1
Benin	1.026.204	832.937	1.052.211	0,8
Níger	633.014	446.135	983.241	0,7
Guiné-Bissau	207.766	225.667	100.150	0,08
Gambia	26.401	54.185	83.330	0.07
Cabo Verde	45.366	42.149	43.885	0,03

Fonte: ITC – Trademap – Dados compilados pelo autor

A Guiné-Bissau, com US$ 100 milhões de dólares exportados em 2023, é o terceiro menor exportador do bloco.

As importações do bloco CEDEAO

As importações do bloco CEDEAO atingiram US$ 168,1 bilhões de dólares em 2023, representando 0,71% das importações mundiais.

As importações do bloco também têm crescido sua participação, no período em consideração, com 0,54% em 2021, 0,56% em 2022, e fechando a série com 0,71%.

Os países da CEDEAO têm alta dependência de produtos importados. 50% ou mais do consumo nesses países depende de importações.

Os principais produtos de importação da Comunidade Econômica dos Estados da África Ocidental (CEDEAO) incluem: Combustíveis minerais e seus derivados; Veículos automóveis; Maquinaria e equipamentos mecânicos; Produtos químicos; Equipamentos elétricos e eletrônicos; Cereais e produtos alimentares; Produtos farmacêuticos; Metais e derivados; Plásticos e borrachas; Equipamentos de transporte.

A Nigéria, maior exportador do bloco é, também, o maior importador, respondendo por 35% do total importado pela CEDEAO. Na sequência temos a Libéria, Costa do Marfim, Gana e Senegal, todos com importações superiores a US$ 10 bilhões de dólares, em 2023.

Países importadores da CEDEAO

US$ mil dólares

Importadores	Valores importados			%
	2021	2022	2023	
Mundo	22.468.340.112	25.417.225.780	23.541.881.329	
CEDEAO ECOWAS	**122.512.170 0,54%**	**142.938.680 0,56%**	**168.194.143 0,71%**	**100%**
Nigéria	52.441.679	60.487.524	60.575.070	35,7
Libéria	1.701.154	1.920.653	26.076.567	15,4
Côte d'Ivoire	13.998.346	17.972.135	18.834.793	11,1
Gana	17.848.192	17.962.660	16.394.368	9,7
Senegal	8.285.456	12.129.313	15.175.863	8,9
Guinéa	5.489.909	6.425.824	6.355.860	3,7
Burkina Faso	4.713.617	5.631.816	5.898.409	3,4
Malí	5.765.412	6.453.532	5.086.174	2,9
Benin	3.416.845	3.344.648	3.904.898	2,3
Togo	2.493.138	2.797.558	3.048.897	1,8
Gambia	708.977	920.565	2.383.632	1,3
Serra Leoa	1.689.990	1.850.182	1.879.211	1,0
Níger	2.784.744	3.787.226	1.262.991	0,7
Cabo Verde	763.840	832.125	917.604	0,5
Guiné-Bissau	410.871	422.919	399.806	0,2

Fonte: ITC – Trademap – Dados compilados pelo autor

A Libéria, que exportou apenas US$ 2 bilhões de dólares em 2023, surge em segundo lugar, com importações de US$ 26 bilhões de dólares, representando 15,4% do total importado pelo bloco ECOWAS / CEDEAO.

O terceiro maior importador do bloco é a Costa do Marfim: US$ 18,8 bilhões de dólares.

A Guiné-Bissau, com suas importações de US$ 399 milhões é o menor importador do bloco, representando apenas 0,2% do total importado pelo bloco em 2023.

A CEDEAO tem se mostrado deficitária em suas relações com o restante do mundo. Na tabela abaixo vemos um déficit permanente e crescente, na série considerada, fechando com saldo negativo de US$ 46,6 bilhões, em 2023, três vezes maior do que os anos anteriores.

Balança comercial da CEDEAO

US$ mil dólares

Balança	Valores transacionados Pela CEDEAO		
	2021	2022	2023
Exportações	105.932.572	127.250.228	121.570.140
Importações	122.512.170	142.938.680	168.194.143
Saldo Comercial	- 16.579.598	-15.688.452	-46.624.003

Fonte: ITC – Trademap – Dados compilados pelo autor

2023 foi um ano extremamente difícil para as exportações da CEDEAO. O saldo da Balança, mesmo negativo, mantinha-se estável ao longo dos anos mas, no ano citado o saldo extrapolou, atingindo três vezes mais o seu valor básico.

Dados da CEDEAO

A Comunidade Econômica dos Estados da África Ocidental (CEDEAO) busca promover a cooperação econômica e o desenvolvimento entre os países localizados na Costa Ocidental da África.

Entretando as fronteiras impostas pelos europeus durante o período colonial, dificultam a integração e cooperação eficaz dentro da organização.

As fronteiras coloniais foram desenhadas de forma arbitrária, desrespeitando os grupos étnicos e culturais separando-os com suas fronteiras, ou colocando no mesmo espaço etnias distintas, que não se davam bem.

Isso criou conflitos e tensões desde sua implantação, que persistem até hoje, dificultando a livre circulação de pessoas, bens e serviços dentro da região da CEDEAO.

Além disso, as fronteiras europeias criaram, também, divisões políticas e administrativas, nos moldes das matrizes, que complicam a implementação de políticas e ações conjuntas entre os países.

Muitas vezes, os interesses nacionais prevalecem sobre os interesses regionais, limitando o potencial de cooperação e integração dentro da organização.

Superar essas barreiras tem sido o maior desafio dos gestores da CEDEAO, para promover um desenvolvimento econômico e social sustentável em toda a região.

Principais dados do bloco CEDEAO / ECOWAS

País	Pop. milhões	Território 1000 km2	PIB Bilhões	PIB Per capita
Benin:	12,1	114.7	$12,2	1,000
Burkina Faso	20,9	274,2	$15,1	722
Cabo Verde:	0,5	4,0	$3,1	620
C. Marfim	26,3	322,4	$57,8	2,197
Gâmbia	2,3	11,3	$1,3	565
Gana	31,0	238,5	$65,5	2,112
Guinéa	12,6	245,8	$11,5	912
Guiné-Bissau	1,9	36,1	$1,5	789
Libéria	4,9	111,3	$3,3	673
Mali	19,6	1,240,2	$17,8	908
Níger	24,2	1,267,0	$11,3	466
Nigéria	209,0	923,7	$448,1	2,144
Senegal	16,7	196,7	$41,4	2,479
Serra Leoa	8,0	71,7	$3,4	425
Togo	8,0	56,7	$7,0	875
Total	398,0	5114,3	700,3	1,758

Fonte: IMF – Dados compilados pelo autor.

Com população se aproximando dos quatrocentos milhões de habitantes, PIB superior a $ 700 bilhões de dólares, e território cobrindo mais de cinco milhões de quilômetros quadrados, a CEDEAO veio trazer novos ventos para a estabilidade política e econômica de toda a região.

Os idiomas mais falados na CEDEAO são o francês, o inglês, o português, o árabe, o haúça, e o Iorubá. O francês é o idioma oficial da CEDEAO, mas o inglês é amplamente utilizado.

Dentro do bloco da CEDEAO há um grupo de oito países (Benin; Burkina Faso; Côte d´Ivoire; Guiné Bissau; Mali; Níger; Senegal e Togo), que criou a União Econômica e Monetária do Oeste Africano UEMOA.

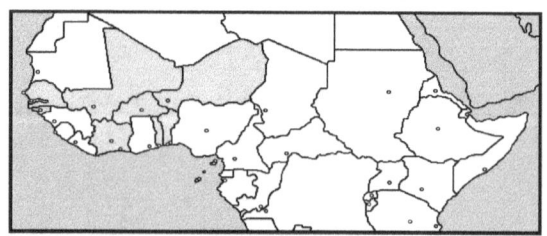

Essa organização tem um Banco Central Único e uma moeda única, o XOF, ou Franco CFA da África Ocidental, que tem uma relação fixa com o Euro, de 656 xof (franco CFA) por Euro. Uma moeda forte, com um garantidor forte, facilita enormemente as transações internacionais.

Guiné Bissau

Capítulo 08
Os PALOP´s e a CPLP

> Houve um tempo em que o Atlântico Sul
> era um grande "rio português".
> De um lado o Brasil em toda sua extensão e, do outro, na
> África, dezenas de portos, "pontos" e/ou regiões
> onde se falava o português

Guiné Bissau

A comunidade dos Países de Língua Portuguesa - **CPLP**, nasceu da necessidade imperiosa da união e do resgate de nossas raízes históricas.

Composta por nove países, localizados na Europa, na América do Sul, na Ásia e, principalmente, na África, a CPLP desponta como um grande bloco político, econômico e linguístico.

Dos nove países do bloco, um está na Europa (Portugal), um na Ásia (Timor Leste), um na América do Sul (Brasil), e seis estão na África.

Os seis países africanos, com língua portuguesa, são conhecidos com os PALOP´s - Países Africanos de Língua Oficial Portuguesa. São eles: Cabo Verde, Angola, Guiné-Bissau, Guiné-Equatorial, São Tomé e Principe e Moçambique.

A posição estratégica de cada um dos PALOP´s no continente africano, os transforma em pontos de grande interesse econômico, pois abrange toda a extensão do território africano.

Cabo Verde e **Guiné Bissau** estão localizados na Costa Oeste e fazem parte do Bloco Econômico dos Estados do Oeste da África, **ECOWAS / CEDEAO.**

Guiné Equatorial e **São Tomé e Príncipe** estão localizados na África Central, e fazem parte do bloco econômico **CEMAC/UDEAC,** composto por 6 países.

Angola e **Moçambique** estão na ponta Sul do continente e pertencem ao **SADC**, o mais rico bloco econômico da África, capitaneado pela África do Sul.

Há grande interesse e vontade política para uma maior união de nossos povos. Porém, vez por outra, os pleitos dos países africanos são desencontrados ou isolados, não traduzindo a real necessidade ou potencialidade dessa ou daquela solicitação.

Fica aqui a ideia da formação de uma entidade que una os interesses dos PALOP´s no Brasil e em Portugal, a **FUP – Frente Unida dos PALOP´s**, constituída pelos embaixadores dos PALOP´s nesses países.

A **FUP** teria por objetivo coordenar e harmonizar os pleitos dos países africanos junto aos governos do Brasil e de Portugal, de tal forma que possa colaborar no desenvolvimento das relações dos PALOP´s com os governos do Brasil e de Portugal.

A união dos embaixadores dos PALOP´s traria, sem dúvidas, uma maior eficácia ao relacionamento de cada um dos embaixadores, junto aos dois governos mais desenvolvidos da CPLP. Seria a "África portuguesa" falando através da Frente dos PALOP´s.

Guiné Bissau

Capítulo 09
Oportunidades, parcerias e o Porto de Pidijiguite

Porto de Pidijiguiti - 1890

Um porto, bem administrado, é uma riqueza para qualquer nação

Guiné Bissau

O porto de Pidijiguiti, mais conhecido como Porto de Bissau (pela própria dificuldade de pronunciar: Pidijiguite), já teve dias melhores. Havia uma boa movimentação de barcos e o trabalho de carga e descarga era intenso. A importação e exportação de mercadorias atendia não somente a Guiné Bissau, mas também as regiões limítrofes, sob forte influência econômica de Portugal.

Nos dias atuais a maior movimentação do porto acontece nos meses de abril, maio e junho, quando da safra (campanha) do caju. No restante do ano há uma sensível queda na movimentação portuária.

Construir um porto, a partir do ponto "zero", é algo bastante dispendioso e demorado. Porém, aproveitar e reaparelhar um porto existente é possível com bem menos custo e bem menos tempo.

O Porto de Pidijiguite tem todas as condições de se modernizar e atrair atracação de navios de todas as bandeiras e nacionalidades.

Modernizar o porto de Pidijiguite e transforma-lo "num porto da Costa Oeste" para atender as demandas da Guiné e de países vizinhos, é um sonho sonhado há muito tempo, porém nunca realizado.

Com um bom estudo do potencial do mercado da CEDEAO, e de como este mercado poderia ser atendido através do Porto do Pidijiguite, não faltariam parceiros para uma melhor exploração do Porto transformando-o num "Hub" para toda Costa Ocidental da África.

Esta é uma parceria que o Brasil e/ou Portugal veriam com muito bons olhos. E por que não uma administração portuária tripartite, Guiné, Brasil e Portugal?

PARCERIA! Esta é a palavra chave que norteia os negócios atualmente. Um BOM negócio há que ser bom para ambas as partes. Quando um lado só ganha, isso não é negócio, é imperialismo econômico.

O nível de desenvolvimento industrial do Brasil, *vis-à-vis* as necessidades do ECOWAS, tornam esse segmento bastante atrativo para parcerias industriais.

É nesse sentido que destacamos, a seguir, alguns setores da economia da Guiné que poderiam ser acionados para a busca de parcerias com empresários de todo o mundo, visando não somente o mercado interno da Guiné, mas também os mercados limítrofes, como a Gambia, o Senegal, o Conakry, Mali e toda CEDEAO.

A Castanha de Caju.

Os países asiáticos compram a castanha bruta. Pagam o frete de ida (mais de 10 mil milhas marítimas). Fazem todo o processamento industrial, e depois retornam com o produto processado para vender na Europa.

Uma parceria com grandes processadores de castanha, poderia processar a castanha na Guiné e vender não somente para a Europa, mas para todo o mundo. Com certeza esse produto processado na própria Guiné Bissau teria preço altamente competitivo no mercado internacional.

Por outro lado, haveria ainda o aproveitamento do LCC (liquido da Castanha de Caju), para venda para a indústria química de todo o mundo e, de quebra, ainda haveria o aproveitamento do bagaço da casca para geração de energia elétrica para abastecer as casa das tabancas próximas.

Uma grande fábrica gera mais de mil empregos diretos. Gera divisas internacionais, impostos internos, eleva o nível industrial do país e movimenta toda a economia.

O segundo setor de maior ou mais rápido destaque é o setor das pescas.

Todos os anos toneladas de pescado são extraídas do Arquipélago do Bijagós (legalmente, ou não), por empresas estrangeiras, com retorno mínimo para a Guiné Bissau,

As "licenças de pesca" para empresas estrangeiras são altamente prejudiciais tanto para os cofres da Guiné Bissau, pois contribuem com muito pouco, quanto para os recursos haliêuticos do arquipélago de Bijagós.

A concessão de licenças de pesca pode fazer com que se extraia mais, a cada ano, do que a natureza consegue repor.

Uma vez quebrado o equilíbrio natural do Bijagós, dificilmente se conseguirá equilibrá-lo, novamente. E isso custará muito dinheiro. Muito mais do que o que se recebe com a venda das licenças de pesca.

Da mesma forma que a castanha de caju é exportada "in natura", levando consigo todos os seus derivados, o pescado também vai embora, levando consigo milhares de empregos e geração de divisas com maior valor agregado. Talvez seja pior ainda, pois os grandes barcos processam o pescado ali mesmo, onde é pescado, levando o produto limpo, e deixando para traz apenas o resíduo poluente do processo industrial.

Empresas que queiram pescar no Bijagós, por que não instalar frigoríficos em Bissau, Buba, Cacheu, etc.? A empresa instala uma unidade de processamento em qualquer ponto do território da Guiné, pesca, processa e o exporta processado. O processamento do pescado na Guiné irá gerar empregos e qualidade de vida para a população.

Uma alternativa à indústria estrangeira seria a formação de cooperativas de pescadores que poderiam ser financiadas para aquisição de barcos de pesca e equipamentos de processamento de pescado.

O pescado dessas cooperativas, enquanto pequenas, seria o mercado interno. Na medida que fossem ganhando escala de produção, poderiam arriscar o mercado regional e, depois, o mercado internacional.

Outro setor de baixo investimento e de alto retorno social, é o setor de processamento e embalagem de alimentos básicos, como farinha, trigo, arroz, feijão, etc..

O processamento de alimentos e seu acondicionamento em sacos plásticos ou de papel, protege os consumidores da contaminação que acontece quando expostos para venda em recipientes abertos.

Grande parte desses alimentos se perde na embalagem inadequada quando são vendidos a granel, sem as mínimas condições de higiene.

Indústrias dessa natureza não são de alto investimento e há empresários que estariam dispostos a se instalar na Guiné mediante acordo jurídico que desse a mínima segurança para o investidor

Empresários locais poderiam ser financiados para montagem de pequenas industrias / empresa embaladora.

Ainda no setor agroindustrial há diversas fábricas de equipamentos que poderiam ser instaladas na Guiné e atender toda CEDEAO e, quiçá, mercados mais distantes. Fábricas de facas, foices e facões (catanas), plantadeiras manuais, arados de tração animal etc., são fábricas de baixo investimento e amplo mercado.

Quanto mais indústrias há em um país, mais indústrias estão dispostas a se instalar ali, aproveitando a "cultura industrial" existente.

Uma "mão de obra" industrial, não se forma do dia para a noite. É necessária uma base industrial, em diversos setores, para que a mão de obra vá se ajustando ao mercado.

Parcerias para a produção de bens destinados ao mercados da Europa e dos Estados Unidos, aproveitando os incentivos dos acordos de não tributação, poderiam ser firmadas com diversas empresas, utilizando o sistema de "drawback".

Empresas subsidiarias na Guiné Bissau importam partes, peças e componentes de suas matrizes, em qualquer parte do mundo, fazer a montagem final na Guiné e depois reexportar os produtos acabados.

Parcerias comerciais, ou parcerias público-privadas, poderiam ser firmadas no transporte entre as ilhas, com a colocação de barcos para transporte de passageiros e carga, Isso elevaria substancialmente a qualidade de vida dos ilhéus, e incrementaria o turismo de pessoas querendo conhecer as ilhas. Como visitar as belas ilhas do Bijagós, se não há transporte?

Da mesma forma, empresas de transporte urbano poderiam ser convidadas para conhecer o sistema de transporte na Guiné Bissau. Parcerias podem ser desenvolvidas com empresários locais.

O Bijagós é um detalhe a parte, que merece toda atenção, não somente pelas suas riquezas, mas também pela questão da segurança nacional.

Há que se desenvolver um sistema de vigília e segurança no Bijagós, onde barcos estrangeiros "navegam" livremente. Com dois ou três barcos, alguns drones, e equipas bem treinadas, a Guiné passaria a ter o domínio e controle de seus recursos haliêuticos.

Ainda na questão dos acordos entre governos, poderia se criar uma instituição como uma "conta garantidora" das importações pretendidas pela Guiné, que teria como lastro as exportações de caju.

Essa conta garantiria as importações da Guiné de máquinas e equipamentos básicos, tanto para as indústrias quanto equipamentos para a segurança nacional.

Capítulo 10
Conclusões

Guiné Bissau

Urge uma melhora no ambiente de negócios na Guiné Bissau, de tal forma que propicie uma expansão da base agrícola, da pesca, da indústria e dos serviços, para atender o mercado interno e para conquistar novos parceiros no exterior.

Na agricultura pode-se promover uma diversificação tanto na agricultura de exportação quanto na agricultura familiar ou para o consumo doméstico.

Neste último caso o incentivo à agricultura familiar é de fundamental importância e o cultivo de arroz, milho e mandioca se tornam fundamentais para a segurança alimentar da Guiné.

Na questão da agricultura propriamente dita, convênios podem ser firmados com países detentores de tecnologia neste campo, para melhor aproveitamento das terras da Guiné, e fixação do homem ao campo.

Na indústria, a atração de investimentos é essencial para que se tenha produtos tanto para o atendimento do mercado interno quanto para a exportação para a CEDEAO e para os demais países africanos.

A instalação de uma fábrica para produzir implementos agrícolas, pode tanto ser para uma melhoria nas práticas agrícolas da Guiné quanto para exportação. Todos os países africanos necessitam de implemento agrícolas.

No tocante à Mercados para exportação de produtos produzidos na Guiné, o primeiro mercado seria os países da CEDEAO e depois os demais países africanos e do mundo.

A depender do produto selecionado para exportação, pode-se buscar mercados mais distantes, como o Chile e o Equador no caso de Óleos e Gorduras vegetais, bem como o pescado, para o Japão. No ano de 2023 vimos a abertura ou expansão de novos mercados, para novos produtos.

Nenhum país vive isolado. Nenhum país é uma ilha. Nem mesmo as próprias ilhas. Esta é uma "máxima" cada vez mais atual e evidente.

As relações internacionais não se resumem às relações comerciais e essas, não se resumem a comprar e vender. Mesmo que assim fosse, isso levaria a um estudo em que cada governo e cada empresário, buscaria entender melhor os hábitos, costumes e tradições de cada povo que fosse objeto de suas exportações.

A CEDEAO representa um amplo mercado, de 400 milhões de pessoas, e 5 milhões de quilômetros quadrados.

Mercadorias, que são importadas de terras distantes, poderiam ser produzidas na Guiné e ofertada a todos os países da CEDEAO, utilizando os acordos de redução tarifaria entre os membros do bloco.

No mundo atual, em que os mercados são disputados ferozmente, torna-se cada vez mais necessário desenvolver acordos comerciais entre governos, melhorando o ambiente de negócios e propiciando aos empresários a formação de parcerias mais longas e duradouras.

Não falta apoio internacional para quem tem um **projeto de desenvolvimento definido**.

Da mesma forma; **não há vento favorável para quem não sabe para onde vai**.

O **futuro da Guiné** está diretamente ligado a um projeto de desenvolvimento que abranja todos os setores produtivos como a agricultura, a pesca, a indústria e os serviços.

Guiné Bissau

Nota de agradecimento.

Uma obra dessa envergadura, que abrange as relações internacionais da Guiné Bissau em busca de uma maior participação no mundo globalizado, somente é possível com a participação e colaboração de diversas pessoas.

Deixo aqui os meus mais sinceros agradecimentos ao Embaixador da Guiné no Brasil, o Senhor M´bala Fernandes, pelo belo trabalho que vem desenvolvendo, e aos amigos Nelson Ca, Nicandro Gomes e Nelson Dju, que se disponibilizaram a fazer a apresentação deste livro.

Meu agradecimento especial para o Deputado Marciano Indi, sem o qual a presente obra não seria possível.

O deputado Marciano pressentiu a necessidade de uma obra como esta, para conduzir de modo seguro e independente, o conhecimento da juventude guineense sobre temas de interesse nacional.

Meu agradecimento caloroso vai para o **povo da Guiné**, através do Senhor Domingos Simões Pereira, líder guineense a quem muito admiro e que muito faz para bem representar todo o povo da Guiné Bissau.

O autor

Altair de Sousa Maia é economista pela Universidade de Brasília - UnB, com especialização em Comércio Exterior e Relações Internacionais. Escritor e palestrante, atua há muito tempo no Comercio Internacional.

Trabalhou no Ministério das Relações Exteriores e no Ministério da Indústria e do Comércio.

Como professor de Economia lecionou na Universidade Católica de Brasília, na Uneb, e na Escola de Administração Fazendária do Ministério da Fazenda.

Como profissional liberal e consultor, elaborou projetos os mais diversos, sempre ligados à importação e exportação. Participou de feiras e missões comerciais em diversos países principalmente na Europa e nas Américas.

Hoje dedica-se à consultoria internacional, especialmente em assuntos africanos, e a proferir palestras em universidades e entidades no Brasil e no exterior.

Guiné Bissau

Obras publicadas

A morte do Barão
Livro que analisa a ascensão e queda de uma cidade no interior do Estado de Minas Gerais, dominada por regime comunista.

ZPCAS – A new deal for South Atlantic
Proposta a criação de uma grande zona comercial no Atlantico Sul

Relações Econômicas Internacionais
Como o mundo funciona? Este é um livro que "traduz" o funcionamento das diversas instituições internacionais

GRIOTS – Sons & Cores de África
Hábitos e costumes africanos que causam arrepios.

Mundo, Vasto mundo
O descuido com a natureza está destruindo nosso planeta.

O desafio do Atlântico Sul
Mercadorias brasileiras com destino à África, passeiam pela Europa, para depois seguirem para seus destinos. Análise e sugestões para a navegação no Atlântico Sul

Máscaras e Caveiras
Uma aventura em busca de objetos para os rituais do Candomblé, em pleno "coração" da África.

Comércio Exterior e Negociações Internacionais.
Desvendando as mazelas do Comércio internacional.

Rosa Mutilada
Descrevendo a luta contra a MGF - Mutilação Genital Feminina, que acontece em diversas partes do mundo.

África, um negócio da China.
O mercado africano, com sua vasta potencialidade, está sendo devagar e paulatinamente conquistado pela China. E os brasileiros, irmãos de sangue de quase todos os povos africanos, ficam aqui, parados.

Onde está Jonathan Makeba?
Livro analítico dos entraves ao desenvolvimento africano, principalmente da região do Sahel, envolvendo negócios, governo, empresários e corrupção.

Baobá. Cenas e fatos d´África.
Uma coletânea de textos narrando fatos e cenas do quotidiano dos países africanos.

Filhos da Lua
Uma caçada implacável aos negros albinos, para suas partes serem transformadas em amuletos da sorte.

Mucubal – Um povo diferente.
Costumes de uma tribo africana que nos deixa boquiabertos, mas que tem certo "senso de realidade"

Guiné Bissau

Manual de Exportação para Pequenas Empresas
Trata-se de uma obra destinada a "abrir" as portas do Comércio Internacional para as Pequenas empresas.

O Dino que queimou o pé
Um livro infantil, que as crianças recomendam para os adultos.

E-mail para contato: **altair2001@yahoo.com**

Guiné Bissau

www.ingramcontent.com/pod-product-compliance
Lightning Source LLC
Chambersburg PA
CBHW071937210526
45479CB00002B/723